For my son, Nolan.

**Edited By:
Sherry Saetern**

BIOUV / FRUIT
/bi-ow/

maqv mong biouv
/mah-mong bi-ow/
mango

lai-njoux biouv
/l-ai je-ow bi-ow/
pineapple

guaa
/qu-ah/
cucumber

ae boh biouv
/a-po bi-ow/
apple

guaa-domx
/qu-ah th-omh/
watermelon

normh ziu-biouv
/nomh zh-ui bi-ow/
banana

gaam-zaiv biouv
/k-am tzh-ai bi-ow/
orange

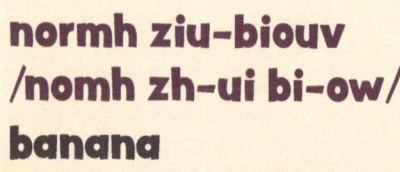

LAI / VEGETABLE
/l-ai/

jou
/ch-io/
mushroom

lai-maeng
/l-ai ma-eng/
mustard greens

ga' maeqc
/c-ah m-eh/
corn

lai-mbouv
/l-ai boo-eh/
brocolli

jiah
/ji-eh/
eggplant

ndoih
/d-oy/
potato

TECHNOLOGY

douc waac finx
/th-ow w-ah fi-en/
phone

ziux fangx
/zh-iu f-angh/
camera

funx nyei mienh
/f-oon n'yeh m-ien/
computer

tei-naangh
/tay n-aangh/
escalator

ginh fangx
/g-inh f-angh/
television

dang m'zing
/th-angh m'zhing/
lightbulb

SAENG-KUV/ ANIMALS
/s-angh kou/

ngongh
/ng-ongh/
cow

maaz
/ma-ah/
horse

lomh-miu
/lom-me-ew/
cat

juv
/jh-oo/
dog

njaih
/j-eh/
deer

nda' maauh
/da-mao/
tiger

dungz
/th-oo-ng/
pig

norqc
/n-orh/
bird

aapv
/ah-p/
duck

jai
/ch-eh/
chicken

DORNGX/PLACES
/th-ong/

lingh deic
/l-ing d-ay/
farm

laanh
/l-anh/
store

biauv
/bi-ao/
home

horqc dorngh
/h-orh th-ong/
school

gong-meng
/ng-ong m-eng/
office

a'nziaauc ciangv
/ah-zi-ow chi-iang/
park

TRANSPORTATION

cie-ndaix
/tse-uh d-ai/
airplane

siang-ping cie
/se-ang p-ing tse-uh/
bike

nzangv
/zh-angh/
boat

cie
/tse-uh/
car

douz-cie
/d-ao tse-uh/
train

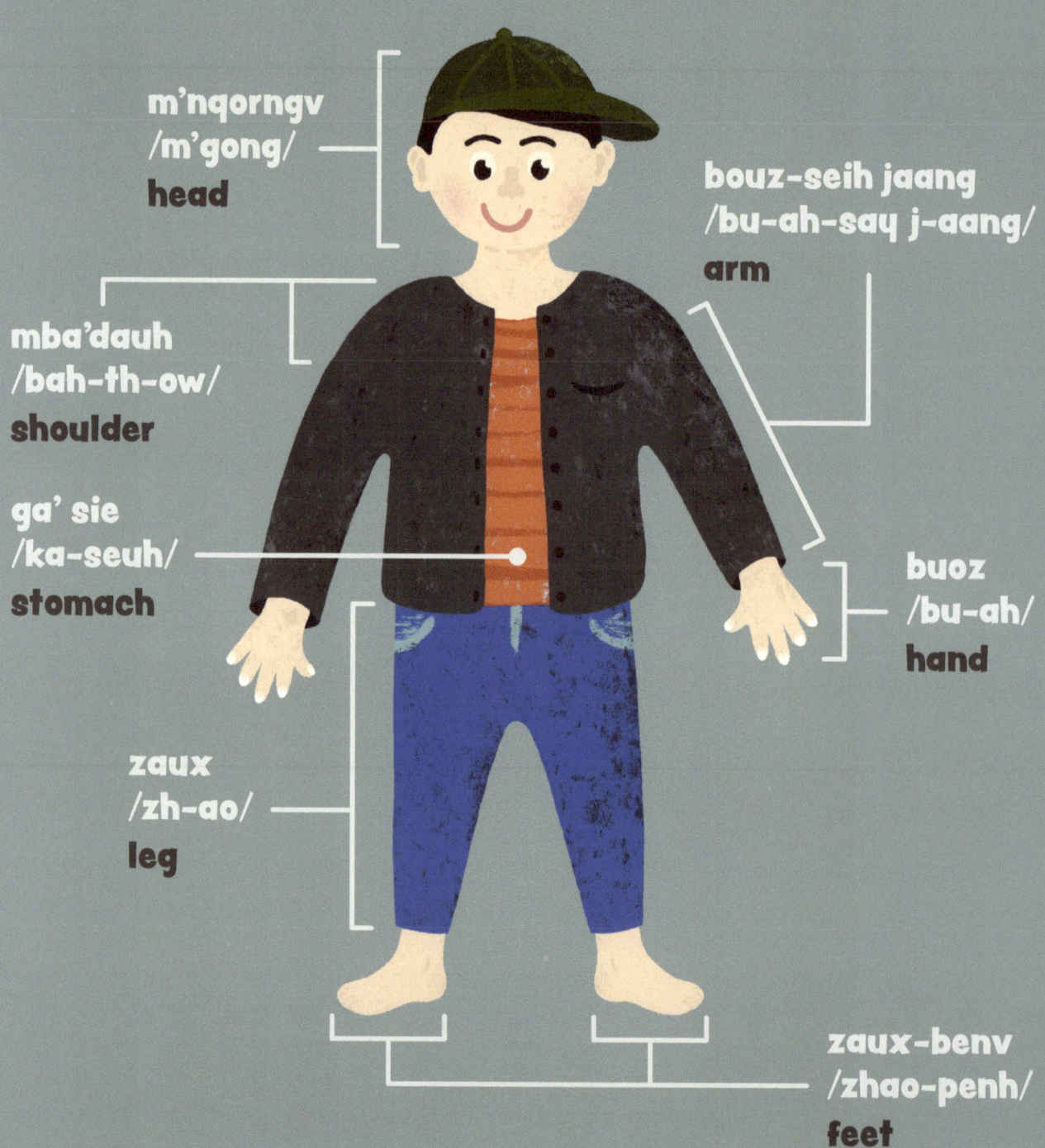

LUI-HOUX/ CLOTHING
/l-wee ho-w/

mouc
/moo-uh/
hat

houx
/ho-w/
pants

heh
/h-ay/
shoes

lui
/l-wee/
shirt

lui siouv
/l-wee se-o/
coat

matc
/mah-t/
socks

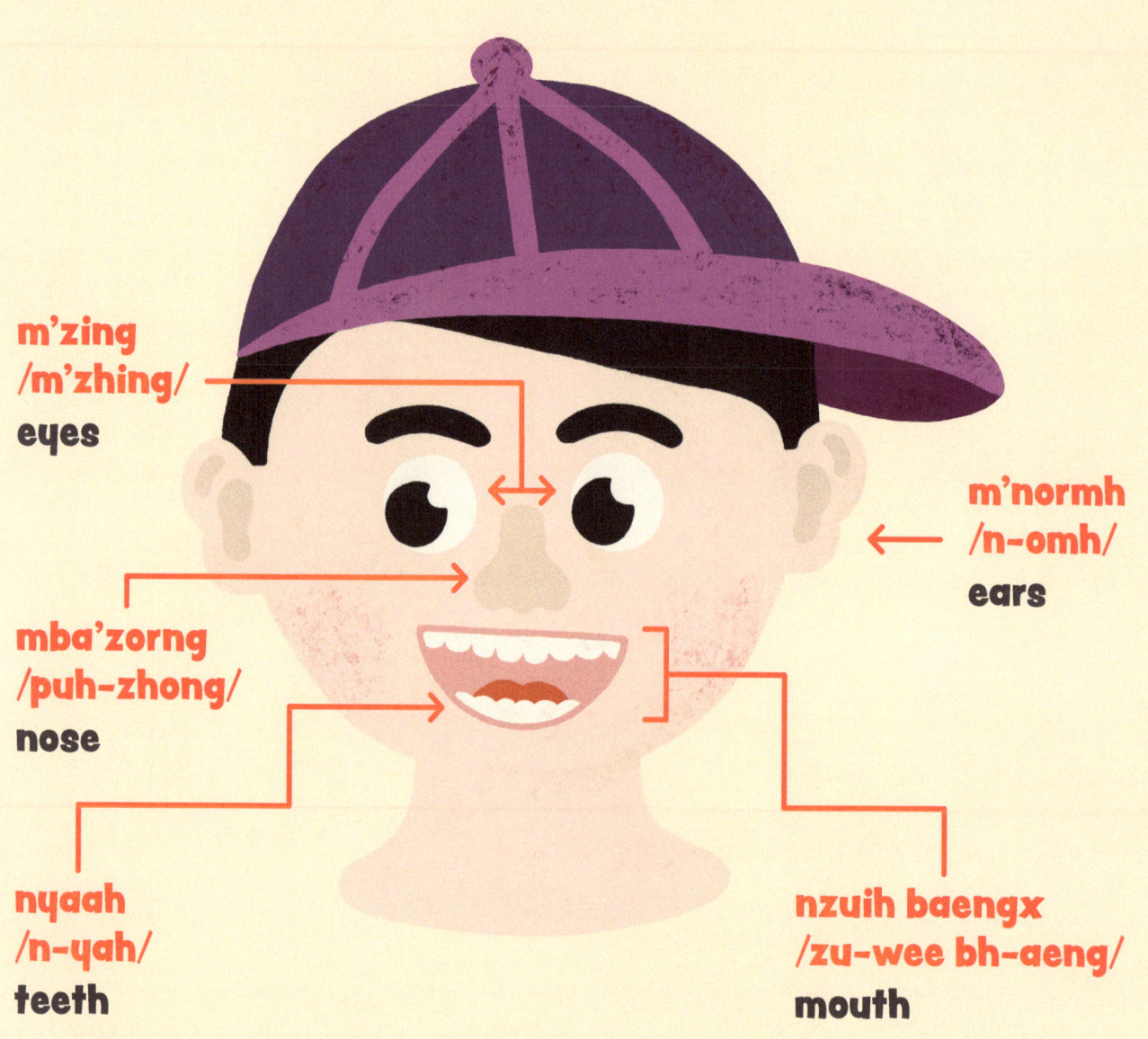

HNYOUV/ FEELING
/h'n-iow/

nyiemv
/n-yiem/
crying

hnamv
/ha-amh/
love

a'hneiv
/ah-hay/
happy

qiex jiez
/chi-jiea/
angry

nzauh
/z-ow/
sad

HOC MAAZ / NUMBERS
/ho-m-aah/

ɥeitc
/ɥ-it/
one

i
/e-eh/
two

buo
/b-uh/
three

biei
/b-i-eh/
four

biaa
/b-i-ah/
five

HOC MAAZ / NUMBERS
/ho-m-aah/

juqv
/j-oo-c/
six

siec
/s-i-ah/
seven

hietc
/h-i-et/
eight

nduoh
/n-d-uah/
nine

ziepc
/z-i-ep/
ten

HMUANGV DOIC / FAMILY
/hm-wang th-oy/

gu' nguaaz /g-wah/ baby

maa /ma/ mom

dae /th-eh/ dad

gorx /k-awh/ brother

dorc /th-awh/ sister

HMUANGV DOIC / FAMILY
/hm-wang th-oy/

gux
/gooh/
grandma

ong
/oh-ng/
grandpa

*nziez
/n-z-ih/
aunt

*youz
/y-iow/
uncle

* There are different words for aunt and uncle depending on the birth order and whether it is on the maternal or paternal side. The words for aunt and uncle for the purpose of this book are taken from the paternal side in relation to the father's younger brother and his wife.

LAI-HNAANGX / FOOD
/l-ai ha-ang/

hmeiv
/hm-ey/
rice

lai swee
/l-ai s-wee/
fermented mustard greens

kliang fen
/ka-liang f-en/
rice flour jelly soup

khao soi
/ka-soy/
noodles

thopzaye
/th-op z-ay/
fermented beans

REFERENCES

Smith, Panh. Modern English-Mienh and Mienh-English Dictionary. Trafford, 2002.

Longc, Fou Yuonh. English Picture Dictionary; English-Mienh. First Edition. Copyright 1999

Copyright @ 2022 Gning Saelee

All rights reserved. No part of this book may be reproduced or used in any manner without the prior written permission of the copyright owner.

To request permission contact the auther at gningsaelee@gmail.com

Author: Gning Saelee
Editor: Sherry Saetern
Illustration & Layout: Angelina Sorokin

First Paperback Edition: February 2022

www.ingramcontent.com/pod-product-compliance
Lightning Source LLC
Chambersburg PA
CBHW040724060526
44119CB00083B/323